111ᵈ

**AR PTS: 0.5**

D0710295

DÍAS FESTIVOS

# El Día de Acción de Gracias

## Un momento para agradecer

### *Elaine Landau*

**Enslow Elementary**
an imprint of
**Enslow Publishers, Inc.**
40 Industrial Road              PO Box 38
Box 398                         Aldershot
Berkeley Heights, NJ 07922   Hants GU12 6BP
USA                             UK
http://www.enslow.com

Enslow Elementary, an imprint of Enslow Publishers, Inc.

Enslow Elementary ® is a registered trademark of Enslow Publishers, Inc.

Spanish edition copyright © 2005 by Enslow Publishers, Inc.

Originally published in English under the title *Thanksgiving Day—A Time to be Thankful* © 2001 Elaine Landau.

Spanish edition translated by Romina C. Cinquemani, edited by Susana C. Schultz, of Strictly Spanish, LLC.

**Library of Congress Cataloging-in-Publication Data**

Landau, Elaine.
    [Thanksgiving Day : a time to be thankful. Spanish]
    El Día de Acción de Gracias : un momento para agradecer / Elaine Landau.
       p. cm. — (Días festivos)
    Includes bibliographical references and index.
    ISBN 0-7660-2618-3
    1. Thanksgiving Day—Juvenile literature.  I. Title. II. Series.
    GT4975.L3518 2005
    394.2649—dc22

                   2005007338

Printed in the United States of America

10 9 8 7 6 5 4 3 2 1

**Photo credits/Créditos fotográficos:** American Stock/Archive Photos, pp. 15, 20, 36; Archive Photos, pp. 3, 12, 13, 14, 24, 26, 45, 46, 48; © Corel Corporation, pp. 2, 4, 6, 8, 10, 11, 18, 19, 21, 23, 27, 29, 30, 34, 35, 37, 39, 40, 47; Cortesía de la Biblioteca Harry S Truman, Dictionary of American Portraits, Dover Publications, Inc., 1967, p. 38; Gravado por John C. Buttre a partir de una fotografía por Mathew Brady, Dictionary of American Portraits, Dover Publications, Inc., 1967, p. 28; Enslow Publishers, Inc., p. 42; Hemera Technologies, Inc., 1997–2000, pp. 1, 9, 16, 33 (both/ambos); Hulton Getty/Archive Photos, p. 41; Jupiter Images, p. 10; Lambert/Archive Photos, pp. 7, 22; NCI Visuals Online, p. 5; Cuadro de John Trumbull, Cortesía de Henry Francis de Pont Winterthur Museum, Dictionary of American Portraits, Dover Publications, Inc., 1967, p. 25; Photo Disc, Inc., © 1999, p. 17; Reuters/Jeff Christensen/Archive Photos, pp. 31, 32; Skjold Photographs, p. 43.

**Cover credits/Créditos de la cubierta:** © Corel Corporation (background/fondo); American Stock/Archive Photos (middle inset/encarte central); © Corel Corporation (top and bottom insets/encartes superior e inferior).

# CONTENIDO

El pavo para la cena es algo que mucha gente espera el Día de Acción de Gracias.

# CAPÍTULO 1
# Un día especial

*Cada año, el último jueves de noviembre, la gente de todas partes de los Estados Unidos celebra el Día de Acción de Gracias. Es un momento especial para que las familias y los amigos se unan para estar juntos y dar gracias.*

Pavo . . . relleno . . . arándanos . . . pastel de calabaza. Estas comidas nos hacen pensar en un día festivo. Pero quizá no pensaste en el Día de San Patricio o de San Valentín. Estas son delicias del Día de Acción de Gracias.

Cada año, el último jueves de noviembre celebramos el Día de Acción de Gracias. Es un día especial por muchas razones. Los amigos y la familia se reúnen. Algunas personas recorren muchas millas para estar juntos. Ellos disfrutan de la buena comida y de los buenos momentos.

El Cuatro de julio hay fuegos artificiales. En Halloween se acostumbra hacer *trick-or-treat*

**El pastel de calabaza es un postre popular que mucha gente come el Día de Acción de Gracias.**

("trucos-o-dulces"). Pero el Día de Acción de Gracias todos hablan de la comida. En la mayoría de los hogares hay mucho trabajo para quien cocina. Muchos estadounidenses comen pavo ese día. Cada Día de Acción de Gracias se consumen alrededor de 45 millones de libras de pavo. Para acompañar al pavo, consumimos 65 millones de libras de papas y 80 millones de libras de arándanos. Para el postre, se sirven 55 millones de pasteles de calabaza.

El Día de Acción de Gracias se ha celebrado en Estados Unidos por más trescientos cincuenta años. Comenzó como un festival de la cosecha. Después de un invierno muy crudo, los primeros pobladores conocidos como Peregrinos tuvieron finalmente una buena cosecha. Lo celebraron con una fiesta. Por eso consideramos al Día de Acción de Gracias como un día festivo de Estados Unidos.

Los primeros pobladores conocidos como Peregrinos celebraron
el primer Día de Acción de Gracias como una manera de agradecer
por las buenas cosechas.

Gente de muchas culturas ha celebrado las buenas cosechas durante muchos años.

En realidad, la gente siempre ha festejado las buenas cosechas. Esto sucede en todo el mundo. Algunas de estas celebraciones nacieron hace mucho tiempo. Los nombres y las fechas pueden ser distintos, pero la idea que los inspira es la misma.

Los antiguos romanos tenían una fiesta de las cosechas. Se celebraba a principios de octubre. Ellos agradecían a Ceres, la diosa del maíz. El día festivo se conocía como Cerelia. De allí proviene la palabra cereal. Se preparaba una maravillosa fiesta. Había música, desfiles y juegos.

Los chinos también celebraban las buenas cosechas. Hace miles de años realizaban un festival de la luna que duraba tres días. Servían cerdo asado y frutas. Había pequeñas tortas redondas y caramelos. Los caramelos eran amarillos y parecían lunas llenas.

El pueblo judío también tiene un festival de las cosechas. Se llama Sukkoth. Comenzó hace tres mil años. Se celebra cada otoño. Algunas familias construyen una pequeña cabaña hecha con ramas. Se esparcen hojas sobre el techo de la cabaña. Dentro de la cabaña se cuelgan manzanas, uvas, maíz y otros vegetales. El festival dura ocho días. Pero las primeras dos noches son especiales. Esas noches, las familias cenan en la cabaña. Los judíos estadounidenses pueden celebrar tanto el Día de Acción de Gracias como el Sukkoth.

El Día de Acción de Gracias es un momento para que los estadounidenses celebren y den gracias. Muchas familias comienzan la cena del Día de Acción de Gracias con una plegaria. Otros asisten a un servicio religioso ese día. Ellos piensan en todas las cosas por las cuales están agradecidos.

La gente alrededor del mundo celebra y da gracias por las buenas cosechas.

9

El Día de Acción de Gracias es un tiempo para que todos los estadounidenses celebren y den gracias.

10

La gente comienza a prepararse para el Día de Acción de Gracias varias semanas antes. Algunos usan antiguas recetas de cocina familiares. En muchos casos se sirven platos favoritos. Mucha gente come más de lo acostumbrado en el Día de Acción de Gracias. Está bien comer un poco más de relleno o una segunda porción de pastel. Es casi algo que se espera. Pero el Día de Acción de Gracias es mucho más que una porción adicional de pastel. Se trata de apreciar la vida estadounidense.

Mucha gente usa antiguas recetas familiares para preparar platos del Día de Acción de Gracias.

11

Un grupo de personas conocidas como los Peregrinos llegaron a Plymouth, Massachusetts, en el año 1620.

# CAPÍTULO 2

# El primer Día de Acción de Gracias

*Los indígenas norteamericanos ayudaron a los Peregrinos al enseñarles a plantar cultivos y a cazar ciervos y conejos. El jefe indígena conocido como Samoset le estrecha la mano a uno de los Peregrinos.*

Nosotros sabemos cómo es el Día de Acción de Gracias hoy, pero ¿cómo comenzó? Este día festivo tiene su origen en una fiesta especial que tuvo lugar hace mucho tiempo.

El Día de Acción de Gracias comenzó en Plymouth, Massachusetts, en el año 1620. Un grupo de gente conocida como Peregrinos recién había llegado de Inglaterra. Los Peregrinos esperaban llevar una vida dedicada a Dios en una nueva tierra. Pero primero, tuvieron que

construir un lugar donde vivir, y eso no iba a ser fácil.

Su viaje desde Inglaterra tampoco fue fácil. El 16 de septiembre de 1620, los Peregrinos zarparon en un pequeño barco llamado *Mayflower*. El viaje fue largo y frío. Hubo tormentas fuertes en el mar. Los pasajeros se enfermaban con frecuencia. Un hombre murió.

Sus primeros meses en Norteamérica fueron aún peores que el viaje mismo. Los Peregrinos llegaron en diciembre. Fue un invierno muy frío y no tenían suficientes alimentos. Muchos Peregrinos se enfermaron y murieron. Ciento dos personas

**Los Peregrinos zarpan desde Inglaterra en un pequeño barco llamado *Mayflower*. El viaje fue largo y frío, y hubo tormentas en alta mar.**

partieron en el *Mayflower*. Al llegar la primavera, sólo quedaban con vida cincuenta y siete.

Los Peregrinos se negaron a rendirse. Trataron de plantar sus cultivos a partir de semillas que habían traído de Inglaterra. Pero las semillas no crecían en el suelo rocoso.

Estos pobladores tampoco estaban acostumbrados a pescar ni a cazar para alimentarse. No sabían cómo cazar ciervos ni dónde encontrar los mejores peces. Pero entonces, alguien los ayudó.

Los Peregrinos habían visto indígenas cerca de su villa, pero no les habían hablado. Eso cambió el viernes 16 de marzo de 1621. Un indígena llamado Samoset fue a su villa.

El pueblo de Plymouth Rock, Massachusetts, tal como era en el año 1867.

Los saludó diciendo: "Bienvenidos, Ingleses". Los Peregrinos se sorprendieron mucho al ver que Samoset hablaba inglés.

Él había aprendido el idioma con pescadores ingleses que iban todos los años a pescar a Norteamérica.

Samoset habló con los Peregrinos. Él conocía muy bien la zona. Allí había una villa indígena en el pasado, pero había desaparecido a causa de las epidemias. Samoset regresó unos días después. Esta vez trajo a un amigo llamado Squanto. Como Samoset, Squanto también hablaba inglés.

Squanto ayudó a los Peregrinos. Él se quedó con ellos durante varios meses. Su nuevo amigo indígena sabía qué cultivos crecerían y cuáles no. Squanto les dio a los Peregrinos semillas de maíz, calabacín y calabazas. También plantaron otros vegetales.

Así puede haberse visto el *Mayflower*. Esta copia del barco está en Massachusetts.

Él les enseñó cómo enterrar un pez muerto en el lugar donde plantaban las semillas. Esto alimentaba el suelo y ayudaba a las plantas a crecer.

Squanto llevó a los Peregrinos al bosque. Los hombres aprendieron a cazar ciervos, conejos y pavos salvajes. También les enseñó a hacer buen uso del agua que había en la región. En poco tiempo, los Peregrinos atrapaban langostas y cavaban en busca de almejas.

Las mujeres y los niños recolectaban frutos salvajes y bayas. Aprendieron cuáles eran comestibles y cuáles venenosos. Los indígenas habían utilizado hierbas y plantas como medicina por mucho tiempo. Ahora los Peregrinos también lo hacían.

**Las mujeres y los niños aprendieron a recoger frutos salvajes y bayas.**

Sin la ayuda de Squanto, los Peregrinos podrían no haber sobrevivido ese primer año. Pero con su ayuda lo lograron. Para el otoño de 1621, los Peregrinos tenían una cosecha muy rica. Había incluso suficientes alimentos para el invierno siguiente. Decidieron celebrarlo con una fiesta.

**Squanto les enseñó a los Peregrinos a cazar ciervos.**

**Los Peregrinos compartieron un día de fiesta con los indígenas norteamericanos para agradecerles por toda su ayuda.**

William Bradford era el gobernador de los Peregrinos. Él invitó a Squanto a la fiesta. El Gobernador Bradford también le dijo a Squanto que trajera a algunos amigos. Para sorpresa de los Peregrinos, noventa indígenas fueron a la fiesta. Sin embargo, no llegaron

con las manos vacías. Trajeron cinco venados así que hubo comida para todos.

Los alimentos que comieron aquel día no son lo que muchos de nosotros comemos hoy en el Día de Acción de Gracias. Había carne de venado que los indígenas trajeron y pavo salvaje. Los Peregrinos cazaron conejos, patos y gansos, que quizás también se sirvieron en la fiesta. También pudo haber habido anguila, bacalao, lubina y almejas.

No hubo pastel de calabaza. La provisión de harina de los Peregrinos se había terminado. Mientras que no tenían pasteles o galletas de ninguna clase, lo que sí comieron fue calabaza hervida, frutas salvajes y bayas.

Nadie sabe con exactitud durante qué días se realizó la fiesta, pero es probable que haya sido a mediados de Octubre. La fiesta duró tres

**Los indígenas trajeron pavos para comer el primer Día de Acción de Gracias.**

El niño y la niña
en esta foto antigua
del Día de Acción
de Gracias no pueden
esperar para comer el
pavo que su madre
cocinó.

días. Las mujeres cocinaron la comida en el fuego al aire libre. Todos comieron juntos en mesas muy largas al aire libre. Los Peregrinos y los indígenas compartieron juegos. También corrieron carreras a pie. Los Peregrinos mostraron su destreza con el mosquete, una clase de pistola. Los indígenas hicieron lo mismo, pero con arcos y flechas.

Los Peregrinos disfrutaron la fiesta. Pero no lo consideraron un momento para dar gracias. Para ellos dar gracias significaba horas de plegarias y ayuno, no de comida.

La fiesta de la cosecha no se celebraba todos los años. Algunos años los cultivos fracasaban y no había muchas razones para celebrar.

Sin embargo, a la gente le gustó la idea de que los Peregrinos y los indígenas compartieran un gran festín. Con el tiempo, esta fiesta de la cosecha se hizo conocida como el primer Día de Acción de Gracias.

**Con el tiempo, la idea de una fiesta de la cosecha se hizo conocida como el primer Día de Acción de Gracias.**

**Los Peregrinos agradecen por su desembarco seguro.**

# La creación de un día festivo

★

*El Presidente George Washington decretó que el primer Día de Acción de Gracias para todo el país debía celebrarse el 26 de noviembre, en 1789. Pero el día festivo no se convirtió en lo que ahora conocemos como Día de Acción de Gracias hasta mucho tiempo después.*

Durante muchos años no hubo un día oficial para el Día de Acción de Gracias. Otras colonias de Nueva Inglaterra supieron acerca de la fiesta de la cosecha de los Peregrinos. Algunos tenían sus propias celebraciones del Día de Acción de Gracias. Pero esos festines no se hacían cada año y no había fechas especiales establecidas.

Durante la Revolución de las Colonias Norteamericanas, cuando las colonias luchaban por la libertad del mandato inglés, se destinaron varios días para dar gracias. Estos días eran por lo general después de victorias en batalla.

**Sarah Josepha Hale consideraba que el Día de Acción de Gracias debía celebrarse en todo los Estados Unidos.**

Sin embargo, el primer Día de Acción de Gracias para todo el país no llegó hasta el 26 de noviembre de 1789. El Presidente George Washington lo ordenó, pero no se adoptó como costumbre.

Con el tiempo, algunos estados comenzaron su propio Día de Acción de Gracias. Uno de los primeros estados en hacerlo fue Nueva York. Para el año 1817, el Día de Acción de Gracias ya se celebraba cada año en Nueva York. Otros estados del norte hicieron lo mismo. Virginia fue el primer estado del sur que siguió esta idea, celebrando su primer día festivo estatal allí en 1855. Por lo general se celebraba en noviembre, pero estados diferentes lo hacían en días diferentes.

La gente parecía no ver la necesidad de tener un Día de Acción de Gracias nacional.

Pero una mujer no lo sentía así. Su nombre era Sarah Josepha Hale. A veces se la conoce como la madre del Día de Acción de Gracias.

Hale era editora de una revista. Cada otoño llenaba su revista con historias, canciones y recetas de cocina relacionadas con el Día de Acción de Gracias.

El Día de Acción de Gracias es un día para que toda la gente de Estados Unidos dé gracias.

Hale pensaba que el Día de Acción de Gracias debía celebrarse por todos los Estados Unidos. Comenzó a escribir cartas a gobernadores y presidentes. Empezó a crecer el apoyo a su idea.

Después de muchos años, el trabajo de Hale dio frutos. En el año 1863, el Presidente Abraham Lincoln declaró un Día de Acción de Gracias para todo el país. Se estableció el último jueves de noviembre. Todos los

En el año 1863, el Presidente Abraham Lincoln declaró un Día de Acción de Gracias para todo el país.

presidentes después de Lincoln hicieron lo mismo. Esta costumbre existió durante setenta y cinco años.

En el año 1939, el Presidente Franklin D. Roosevelt cambió el día festivo al tercer jueves de noviembre. Esto era una semana antes de lo habitual. El presidente quería ayudar a los comerciantes estadounidenses. Esperaba que al celebrar este día antes, duraría más tiempo la temporada de compras de Navidad.

Pero al público no le gusto la idea de mover el día festivo. La gente no estaba segura del día en que debía celebrar el Día de Acción de Gracias. Algunos intentaron hacerlo en la nueva fecha. Otros mantuvieron la costumbre anterior. Otros celebraban los dos días. El Congreso finalmente arregló las cosas en el año 1941. El Día de Acción de Gracias se declaró un día festivo federal. Esto significa que el gobierno de los Estados Unidos determinó que era un feriado oficial. La fecha se cambió al día original: el último jueves de noviembre. Ese día, todas las oficinas del gobierno están cerradas, al igual que las escuelas, los bancos y la mayoría de los negocios independientes. No hay correo. En todos los hogares de la nación, la gente celebra el día y da gracias.

El gobierno de los Estados Unidos determinó que el Día de Acción de Gracias era una fiesta oficial en el año 1941.

**Mucha gente disfruta desfiles el Día de Acción de Gracias.**

# CAPÍTULO 4

# Un momento para comer . . . y mucho más

El Día de Acción de Gracias es un día en que la gente come mucho, pero también a menudo se hace mucho más que comer. Muchos disfrutan mirar desfiles del Día de Acción de Gracias. Algunos de los desfiles más grandes se realizan en las ciudades de Nueva York, Detroit, Houston y Filadelfia.

El desfile más conocido es el de Nueva York. Es el desfile anual del Día de Acción de Gracias de Macy's. Millones de estadounidenses lo miran por televisión cada año.

**Bandas, payasos y globos, como Garfield y el Hombre Araña son parte del desfile del Día de Acción de Gracias en Nueva York.**

El desfile tiene bandas que marchan y payasos. También hay globos gigantes inflados con helio, un gas más liviano que el aire. Eso les permite a los globos gigantes flotar más alto que las nubes. Los globos tienen formas de personajes conocidos de dibujos animados e historietas. Snoopy y el gato Félix son dos de los favoritos.

Para las personas que viven cerca es algo especial. La diversión comienza la noche anterior al desfile. Ellos pueden ver cómo se llenan de helio los globos gigantes. Es interesante ver cómo toman forma los diferentes personajes.

**Tal como lo fueron para los Peregrinos y los indígenas, los deportes y los juegos son aún parte de los festejos del Día de Acción de Gracias.**

Los Peregrinos y los indígenas norteamericanos corrían carreras en su Día de Acción de Gracias. También había juegos. En la actualidad, los deportes aún son una parte importante del Día de

**Los partidos de fútbol se han convertido en parte de los festejos del Día de Acción de Gracias estadounidense, tanto como el pavo y el pastel de calabaza.**

Acción de Gracias. Los partidos de fútbol americano son uno de los más populares. Los equipos de las diferentes escuelas secundarias juegan unos contra otros. A algunas familias les gusta jugar al fútbol en sus jardines.

Los estadounidenses también miran partidos de fútbol en la televisión durante el Día de Acción de Gracias. Dos equipos de la National Football League (NFL, Liga Nacional de Fútbol) juegan partidos durante esta fiesta. Se trata de los Lions de Detroit y los Cowboys de Dallas. Mucha gente espera con ansiedad estos partidos. Se han convertido en parte del Día de Acción de Gracias en los Estados Unidos.

Pero no todos miran o juegan partidos de fútbol el Día de

**Muchas ciudades organizan carreras como parte de sus celebraciones del Día de Acción de Gracias.**

**Los comedores comunitarios ayudan a alimentar a la gente pobre todos los días. El Día de Acción de Gracias se sirve una comida especial.**

Acción de Gracias. Las carreras a pie también son divertidas. Así es como muchos tejanos comienzan la fiesta en Dallas. Ellos participan de la carrera de YMCA's Turkey Trot. Más de veinte mil personas corren en la carrera. Luego se van a casa para asistir a la cena del Día de Acción de Gracias.

La Run for Diamonds se corre cada Día de Acción de Gracias. Es una carrera de nueve millas en Berwick, Pennsylvania. Hay muchos premios maravillosos. Los siete primeros ganadores en la categoría masculina ganan anillos de diamantes. Las siete primeras corredoras en la categoría femenina ganan dijes de diamantes. En otros pueblos y ciudades se llevan a cabo otras carreras. En algunos casos los ganadores ganan postres. Se llevan a sus casas pasteles de calabaza o de nuez.

Un Día de Acción de Gracias se llevó a cabo una carrera en Minneapolis, Minnesota, con un propósito muy especial. La carrera que organiza el Northwest Athletic Club ayuda a

**Los bancos de alimentos intentan asegurarse de que la gente tenga alimentos tanto el Día de Acción de Gracias como el resto del año.**

**Harry Truman fue el primer presidente de los Estados Unidos que salvó un pavo salvaje de ser comido el Día de Acción de Gracias**

toda la comunidad. Los corredores disfrutan la carrera, pero también sucede algo más importante. Durante todo el mes de noviembre, los miembros del club llevan alimentos a diez lugares a lo largo de la ciudad. La mañana del Día de Acción de Gracias, se cargan los alimentos en camiones y se llevan a un banco de alimentos. Un banco de alimentos es un lugar donde se recolecta y almacena comida. Desde allí, se reparte a la gente que la necesita.

Otras personas también han intentado hacer una diferencia durante el Día de Acción de Gracias. En Harrisburg, Pennsylvania, grupos comunitarios trabajan juntos para entregar pavos a cientos de familias pobres. En otras áreas se llevan a cabo proyectos similares.

Los comedores comunitarios alimentan a la

gente sin hogar durante todo el año, pero estos lugares están más ocupados que nunca el Día de Acción de Gracias. Muchas personas organizan cenas especiales para estos días festivos. Por lo general, quienes son voluntarios pasan el día ayudando a los menos afortunados. Los voluntarios cocinan, sirven los alimentos y limpian. A menudo son estudiantes. Su ayuda les da a otros una razón para estar agradecidos y experimentar el

**Cada año un pavo recibe el perdón presidencial y va a una granja de mascotas.**

El Día de Acción de Gracias es uno de los días en que más se viaja. Mucha gente viaja para encontrarse con familiares y amigos.

verdadero sentido de este día festivo.

Todos merecen un maravilloso Día de Acción de Gracias. Pero el día festivo nunca es divertido para los pavos. Por eso, en la víspera del Día de Acción de Gracias el presidente de los Estados Unidos le perdona la vida a un pavo que tiene mucha suerte. Esta afortunada ave nunca llegará a una mesa para convertirse en la cena. En cambio, va a una granja de mascotas en Virginia. Se queda allí por el resto de su vida. Esta costumbre comenzó hace cincuenta años. El Presidente Harry Truman la inició. Los presidentes que lo siguieron continuaron con la costumbre.

El pavo "salvado" deja la ciudad. Mucha gente también se va de la ciudad para el Día de

Acción de Gracias. Algunos visitan a su familia y amigos, otros van a otros lugares. El día anterior al Día de Acción de Gracias, los aeropuertos y las carreteras por lo general se congestionan. Es el día en que se viaja más en todo el año.

Hay muchos lugares de vacaciones interesantes para pasar el Día de Acción de Gracias. Uno es el Ozark Folk Center en Mountainview, Arkansas. Allí pueden ver cómo vivía la gente de las montañas en el pasado. Es divertido ver cómo trabaja un herrero o aprender cómo se hace cidra con manzanas. El Día de Acción de Gracias se sirve una comida especial. Luego está el concierto de Gospel del Día de Acción de Gracias.

**Actores y actrices representan una escena sobre cómo podría haber sido en los tiempos de los Peregrinos.**

**Después de meses de viaje por mar los Peregrinos desembarcan. Llamaron a su nuevo hogar Nueva Plymouth.**

Otro lugar excelente para pasar el Día de Acción de Gracias es la plantación Plymouth cerca de Plymouth, Massachusetts. La plantación es igual a la antigua villa de los Peregrinos. Hay actores disfrazados que actúan como lo hacían los primeros pobladores y los indígenas.

Es bueno hacer un viaje a través de la historia. Podemos aprender cómo se celebraba en el pasado el Día de Acción de Gracias. Pero también es importante intentar hacer cosas nuevas. El Día de Acción de Gracias es para agradecer y para demostrar que los demás nos importan. Desafíate a ti mismo el próximo Día de Acción de Gracias. Investiga de cuántas maneras puedes demostrar estos sentimientos. Estarás creando tus propias tradiciones del Día de Acción de Gracias.

**El Día de Acción de Gracias es para dar gracias y ocuparse de los demás.**

# Manualidades para el Día de Acción de Gracias

★

## Tarjetas en forma de pavo para indicar dónde se sientan todos en la mesa.

*Después de que hayas ayudado a poner la mesa, puedes colaborar con el clima del día festivo con estas tarjetas para que todos sepan dónde sentarse.*

### Necesitarás:

✔ **Papel marrón para envolver o una bolsa de papel marrón abierta.**

✔ **Un lápiz**

✔ **Crayones o marcadores de los siguientes colores: rojo, naranja y amarillo.**

✔ **Tijeras**

**\*Nota de Seguridad:** Asegúrate de pedir ayuda a un adulto si la necesitas, para completar este proyecto.

**1.** Apoya la mano sobre el papel.

**2.** Separa los dedos.

**3.** Marca el contorno de tu mano y de tus dedos. La palma es el cuerpo del pavo. Tus dedos son las plumas. Tu pulgar es la cabeza.

**4.** Pinta las plumas de rojo, naranja y amarillo.

**5.** Escribe el nombre de la persona en el cuerpo del pavo.

**6.** Corta siguiendo el contorno.

**7.** Asegúrate de hacer uno para cada persona en la mesa. Coloca una tarjeta sobre la mesa frente a cada asiento.

# Palabras a conocer

★

**ayuno**—Permanecer cierto tiempo sin comer.

**cosecha**—Recoger los frutos de los cultivos.

**costumbre**—La manera en que un grupo de personas hace algo.

**dijes**—Colgante o relicario que se cuelga de un collar.

**editor**—Persona que corrige material escrito para una revista o un libro.

**Peregrinos**—Grupo de pobladores ingleses que fundaron la colonia de Plymouth, Massachusetts, en el año 1620.

**tradición**—Hacer algo siempre de la misma manera.

# Material de lectura

## En español

Harte, May. Translator, Tomás González. *Thanksgiving—Día de Acción de Gracias*. New York: PowerKids Press & Editorial Buenas Letras, 2004.

Skarmeas, Nancy J. *La historia del Día de Acción de Gracias*. Nashville, Tenn.: CandyCane Press, 2000.

## En inglés

Anderson, Laurie Halse. *Thank You, Sarah: The Woman Who Saved Thanksgiving*. New York: Simon and Schuster Books for Young Readers, 2002.

Gibbons, Gail. *Thanksgiving Is—*. New York: Holiday House, 2004.

Landau, Elaine. *Thanksgiving Day—A Time to Be Thankful*. Berkeley Heights, N.J.: Enslow Publishers, Inc., 2001.

Schuh, Mari C. *Thanksgiving*. Mankato, Minn.: Pebble Books, 2002.

# Direcciones de Internet

★

## En inglés

AN AMERICAN THANKSGIVING: KIDS AND
FAMILIES
<http://www.night.net/thanksgiving/>

KIDS DOMAIN THANKSGIVING GAMES
<http://www.kidsdomain.com/games/
thanks.html>

NOT JUST FOR KIDS!
THANKSGIVING FUN
<http://www.night.net/thanksgiving/
fun.html-ssi>

NUTTIN BUT KIDS THANKSGIVING PAGE
<http://www.nuttinbutkids.com/
thanksgiving.html>

# Índice

★